버려진 것들,
떠나간 것들,
잊혀진 것들

한주운 시사집

**버려진 것들,
떠나간 것들,
잊혀진 것들**

서문

황 금 찬 |시인|

한주운 시인이 첫 시집을 상재한다.
그 기쁜 일을 축하하는 많은 사람들과 같이 나도 축하의 말을 구름에 실어 바람에 날린다.
시인이 시를 찾고 그 찾은 시를 모아 시집으로 묶는다는 것처럼 기쁘고 즐거운 일이 또 있을까.
프랑스의 큰 시인 길빅크는 늙어 가면서 걸음을 못 걷게 되자 남의 힘을 빌어 세계 시인들 모임에 거의 빠지지 않고 참석하는 것을 보고 그에게 큰 마음을 표한 일이 있었다.
그리스 공항에서 그와 마지막 이별을 할 때 그가 알아듣지도 못하는 우리말로 "안녕히 가서요." 했다.
그도 웃으면서 내가 알아 듣지도 못하는 말로 인사를 했다. 그 해가 85년도의 일이다. 그는 이 세상에 지금은 있지 않으리라. 하지만 그의 시를 가까이 할 때 그의 모습이 눈 앞에 와 웃고 있다.
시인이 시집을 갖는다는 것이 그리도 크고 기쁜 일이라고 생각한다.

한주운 시인이 첫 시집을 구름에 날린다는 것에 우리들은 손을 모아 꽃잎으로 날리며 축하의 파도를 멈추지 말아야 하리라.
　사람이 하는 일 중에서 가장 기쁘고 보람 있는 일이 어떤 일일까? 영국의 시인 테니슨이 말했다. 시인이 시를 구름처럼 하늘에 날리는 것이라고 했다.

　　기다림으로 목이 길어지고
　　외로움으로 눈이 멀어도
　　누군가를 가슴에 품고 사는 것은
　　행복의 아지랑이
　　　　　　　―한주운의 시 「내 마음의 끝은 어딘가」 부분

　이 시는 3연으로 이루어졌다. 여기 보인 것은 그 중 1연이다.
　3연 14행의 시의 꽃잎이 독자의 내일을 행복의 풀잎으로 덮을 수 있는 시다.
　오늘 이 시대는 시를 사랑하고 그 사랑하는 시귀에서 행복을 찾아야 한다.

　　아 이 수정들의 모습이
　　영원히 지속되었으면….

　말라르메의 「목신의 오후」 첫 연이다.
　시는 영원히 변신하지 않는다. 시는 영원하다.

　　　　　　　　　　　　　　　　　　　2008년 12월에
　　　　　　　　　　　　　　　　　　　황금찬

버려진 것들, 떠나간 것들, 잊혀진 것들 　한주운 시시집

▫서문 | 황금찬

제1부 죽는 날까지 사랑하고 싶다

- 12 ──── 6월엔
- 15 ──── 비 오는 날의 명상
- 16 ──── 백아절현伯牙絶鉉
- 19 ──── 햇살은 엉킨 실타래 되어
- 21 ──── 내 마음의 끝은 어딘가
- 22 ──── 하루의 끝에 서서
- 24 ──── 장마 시작
- 26 ──── 초저녁 왕십리
- 28 ──── 상처를 치유하기 위해
- 30 ──── 기다림·1
- 32 ──── 기다림·2
- 35 ──── 막차
- 36 ──── 바람 머무는 그곳에
- 39 ──── 죽는 날까지 사랑하고 싶다
- 40 ──── 버려진 것들, 떠나간 것들, 잊혀진 것들
- 42 ──── 하루의 사이클
- 44 ──── 사랑한다는 말을
- 47 ──── 그리움 따라
- 48 ──── 인연의 뿌리
- 51 ──── 소리 없는 넋두리
- 52 ──── 강물은 흐르는가

한주운 시시집 버려진 것들, 떠나간 것들, 잊혀진 것들

차 례

제2부 종이로 만든 사람

목소리 ——— 57
카멜레온의 하루 ——— 58
종이로 만든 사람 ——— 60
하루 끝에 머물다 ——— 63
통증의 미학 ——— 65
내가 알지 못하는 나 ——— 66
존재의 이유 ——— 68
어둠을 밝힌 빗소리 ——— 71
그늘진 여자 ——— 72
부산 자갈치시장 ——— 75
생리적 현상 ——— 76
역할놀이 ——— 79
허기진 삶의 끝에 서서 ——— 80
산다는 것은 ——— 83
주변인 ——— 84
노숙자 ——— 87
길 ——— 88
부재중 ——— 90
기적의 부재 ——— 92
줄타기 ——— 94

버려진 것들, 떠나간 것들, 잊혀진 것들   한주운 시시집

제3부 그리움을 부르는 동강할미꽃

99 ──── 할머니
101 ──── 아버지, 아버지
103 ──── 매미는 어디에
104 ──── 게릴라 폭우
107 ──── 소리새
108 ──── 밤의 연가
110 ──── 가을 손짓
113 ──── 망부가亡夫歌
114 ──── 봄꽃 축제
116 ──── 비 내리는 수종사 계곡
119 ──── 노천 카페
121 ──── 봄비는 단비야
122 ──── 그리움을 부르는 동강할미꽃
125 ──── 섭지코지
126 ──── 역사驛舍에서
129 ──── 새벽 명상

▫해설 | 최광호
▫후기

제1부

죽는 날까지 사랑하고 싶다

6월엔

6월엔 서두른 흔적 없는 거리를
천천히 걷고 싶다
모두 내 편이 아니라도
긴 넋두리 노래 삼아
눈물로 덮을 수 없는 운명을
거스를 수만 있다면
멈춰 버린 심장을 주물러 보리라

6월엔 높아진 하늘을
좀 더 볼 수 있다면 좋겠다
아파트 빌딩 사이 조각난 하늘이
말끔히 씻어낸 얼굴로
나를 부르면 높이 더 높이 올라가리라

6월엔 담장의 장미넝쿨과 사귀고 싶다
남모를 설움 한 모금 마시고
하늘에 슬며시 올려놓으면
신록의 짙은 화장만큼
사랑도 깊어지겠지
두근거리는 시작이
눈물이 아니길 바라는 맘으로.

비 오는 날의 명상

벼르던 빗줄기
창문에 기대 졸고 있는 그림자 적시고
꼼짝 못하고 젖은 날개 품은 채
작은 심장 콩닥인다

뿌연 물안개에 기운 잃은 가로등은
허연 뼈대 드러내 놓고 널브러진
육신을 덮어 주고

쉼 없이 계속되는
윈도우 브러시 손짓은
흙탕물 첨벙이는 개구장이 몸짓인 양
흥겨움이 배어난다

가만히 빗소리를 들어보라
소근대는 입맞춤을 기대하라
보이지 않는 어둠을 품고
밤새 계속되려나?

백아절현 伯牙絶鉉[※]

높은 산 오르다가
흐르는 강물 되었다가
천양지간天壤之間
내 소리 알아주는 이 없어
어둠 속 홀로 앉아 가을비에 적시우고
허공 떠도는 가락 붙잡는 이 없어
빈 가슴 절이는 애달픔

달밤에 내 소리 받는 이 있어
벅찬 마음 한달음 뛰어나가
종자기種子期 지우知友 삼았네
거문고 가락 흥에 겨워
품은 뜻 태산이 되고
품은 사연 황하로 흐르네

내년에 보세 약속하고 헤어진 길
영원한 이별인 줄 어찌 알았으랴?
산이 무너지고 천지가 울어대도
돌아올 수 없는 길 홀로 떠난
벗이 그리워
거문고 줄 끊어 저승에 매달고

올라갈 날 기다리네

내 소리 알아주는 이 없다면
아린 가슴 끊을 수밖에
맺은 인연 이을 수 없다면
나 이제 다시는 잡지 않으리
다만 천상에 가서 그대를 만나면
비가 되고 산이 되어
다시 한 번
멋들어지게 놀아 보리
하나가 되는 그날까지.

※ 『열자列子』의 〈탕문편湯問篇〉 및 『여씨춘추呂氏春秋』에 나오는 이야기. 백아伯牙가 거문고 줄을 끊었다는 뜻으로, 자기를 알아주는 절친한 벗의 죽음을 슬퍼한다는 말

햇살은 엉킨 실타래 되어

햇살은 엉킨 실타래 되어
오래 묵은 그리움을
꾸역꾸역 캐낸다

언젠가
영원히 늙지 않으리라 여겼던
청년 시절 설익은 꿈이
주렁주렁 내비칠 때

나보다 한걸음 앞서
도망가던 기억의 잔재들이
희미하게 채색되어
가슴 한켠에 숨어 있었다는 것을
왜 모른 척했을까?

이른 봄 수줍은 봉오리로
늦여름 성난 소나기로
이젠 초가을의 흐느낌으로
바라보고 있다

다가올 겨울을 기다리며.

내 마음의 끝은 어딘가

가슴 깊이 사무쳐 오는
흙투성이 도랑물 사이로
샘 솟듯 피어나는
한줄기 빛

기다림으로 목이 길어지고
외로움으로 눈이 멀어도
누군가를 가슴에 품고 사는 것은
행복의 아지랑이

잔잔한 호숫가에
숨죽이고 앉아 바라보는
슬픈 텃새의 바람은
언제나 시작이고 싶은 마음
간절하게 빌고 있다
내 마음의 끝은 어딘가?

하루의 끝에 서서

어둠을 가르며 내닫는
헤드라이트
멈춰 버린 시간 속으로
끝없는 질주를 한다

고단한 하루의 삶이
아미蛾眉에 무게로 걸리고
눈꺼풀로 감기면
어둠의 고요 속에
한 줌의 먼지가 된다

한낮 태양빛을 가리던
무성한 포플러 잎사귀는
시커먼 그림자로
꾸벅꾸벅 졸고

텅 빈 버스 의자 위로
스멀스멀 기어드는
남겨진 시간의 껍데기

오늘 내게 주어진 하루치의 생명은

이미 멈췄다
허물 벗고 다시 태어날 내일을 위해
시동 *끄고*
이제 휴식!

장마 시작

언제쯤 오리라
떠난 이 기다리는 맘으로
애타게 가슴앓이를 하지 않아도
하늘 위 사정을 아는
기상 캐스터의 자신감에 찬 오류 앞에
우산을 준비한다

이제는 오리라
며칠 전부터 시름 소리 커지는
시어머니의 주름이 아니라도
나이는 속일 수 없어
저기압 전선의 꽁꽁 묶인 포로 되어
우산을 준비한다

지금부터 시작이다
한 해도 거르지 않고
가슴속 겨우 치유된 상처 흔적에
또 하나의 생채기를 남기려
짓궂은 웃음 흘리며
카운트 다운을 세고 있다

거리에는 바라보는 것으로
성이 덜 찬 이들이 질러대는 함성이
진흙탕 속에서 뛰놀고
차창으로 뛰어드는 물방울들이
낯선 이방인 되어
바라보고 있다.

초저녁 왕십리

초저녁 왕십리
숨 가쁜 이정표 앞에
표정을 빼앗긴 사람들이
휘적휘적 모여든다
두 어깨에 하루만큼의 피로와
풀지 못한 인연의 짐을 지고
이미 갈 곳을 잃은 눈동자는
오지 않는 열차길 위에 떠돌며
몸은 스멀스멀 땅 속으로 기어든다

초저녁 왕십리
소리 없는 분주함이 침묵을 안고
두런두런 박동 친다
가고 오는 열차의 기계적인 움직임은
하루 동안 잃어버린 가족을 찾아가고
떠난 친구와의 뿌리 없는 기억은
무의미한 정적 소리에 갇혀 버리고
시한부 연인들은 불안한 시작을 한다

초저녁 왕십리
서로 다른 이상을 꿈꾸는

두 갈래의 외로움이 머문다
뱀의 혀처럼 갈라진 철로 위로
만날 수 없는 인연이 토해내는
아쉬움으로 어둠이 스쳐 지나고
철거덕철거덕
맨 가슴은 허공 위에 뛴다

초저녁 왕십리
이미 낮아진 하늘을 소리 없이 품는
따스함이 꿈틀거린다

전등 불빛 하나씩 몸을 드러내는
어둠 속 길 위에
돋아나는 수줍은 미소와
소박한 시작을 꿈꾸는
진실한 이야기가 살아 숨쉰다.

상처를 치유하기 위해

당신의 깊고 깊은 마음에
그토록 많은 눈물이 흐르고 있을 줄이야
당신이 살아온 시간들이
잊혀진 과거의 아픔으로
조각조각 나
상처를 찌르고 있을 줄이야

이제야 알았습니다
당신의 삶은 슬픈 웃음과
끊임없이 눈감았던 그리움과
허공 속에 내밀었던 손짓이었음을

가슴을 열어 들여다볼 수 있다면
알콜 솜으로 닦아낼 수 있다면
새로운 만남이 기억 속의 상처를
잊을 수 있게 해준다면

참 좋겠습니다

당신이 흘리는 눈물은
몇십 년 가슴에 품었던 통곡을 거르고 걸러

뽑아내는 육신의 진액임을 알았습니다
그래서
기약 없는 시간을
기다리고 있습니다
아무것도 해줄 수 없이
그저, 바라보고만 있습니다.

기다림 · 1

기다림은 목마른 행복
바싹 타 들어가는 논바닥 수맥은
외면당한 그리움 달고
닿지 못할 심연으로 유영 중

기다림은 꺼지지 않는 등대
지쳐 포기하고 싶을 때 어둠을
노 저어 육지로 육지로 밀어낸다

기다린 시간만큼
기다린 아픔만큼
다가올 진실을
다가올 사랑을
안을 수 있을까

오늘도 습관처럼 거울을 본다
그 속에 재만 가득 남아 있다.

기다림 · 2

기다림은 한 모금의 생수를 그리는 목마름
기다림은 한쪽 발로 걸어가는 불안한 시작
기다림은 심장이 다 타 재가 되어도
자꾸만 되돌아보는 미련
길어진 목이 움츠려들기 전
시작이 끝이 되기 전
기다림은
삶을 지속시키는 힘.

막차

둔촌역 1번 출구
초침과 분침, 시침이 하나 될 때 막차가 떠난다

겨우 한 발 들여 논 출렁이는 숨 가쁨이
어둠 속에 헐떡이고
눈꺼풀이 잠을 싣고 바닥에 깔리면
버스의 불규칙한 장단이
어느새 도로 위를 잠재우고 있다

또 다른 시작을 잉태한 채
이제 막 새날이 시작되면,
몸 푼 삶의 편린[片鱗]들을 해산한 산욕의 아침이
가만히 깨어난다

어제와 오늘이 만나 내일을 부르고
달[月]이 바뀌고 해[年]가 이어지면
끊어질 수 없는 연[緣]의 굴레로
생의 막다른 길을 오르고 있다

막차는 떠났다.
첫차의 출발을 꿈꾸며…

바람 머무는 그곳에

바람은 가지 위에 걸린
낮달을 도닥도닥 잠재우고
하늘은 연일 속살을 보여주지 않았다

거리를 떠도는 힘겨운 발걸음이
시간을 줄타기하고
끄덕끄덕 졸고 있는 한낮 더운 바람이
기댈 언덕을 찾는다

바람은 길어진 목덜미에
그리움을 전해주는 전령사
가슴 비워 놓고 기다리지만

굳어 버린 기다림 뒤로 하고
뒷담 골목을 휘감아
먼 산 그림자 접어 숨어 버린다

이런 날엔 바람이 되고 싶다.

죽는 날까지 사랑하고 싶다

너를 향한 그리움이 밤에도
어둠을 들추고 목메게 한다
이제는 삭정이가 되어 버린
마을 앞 당산나무는
기다린 날들만큼 상처로 남아
허허로이 하늘로 하늘로
오르려 하고
뜨거운 불길이 일기도 전에
사그라진 젊은 날의 기억 저편에
네가 서 있다

별빛에 담았던
오래 전 약속을 땅 속에 묻은 채
다른 하늘 아래 서서
시간을 망각으로 애써 참으며
소리 없는 그리움
가슴 한켠에 키우며
살아간다

사랑하는 사람아.

버려진 것들, 떠나간 것들, 잊혀진 것들

버려진 것들,

고치를 뚫고 나온 나비
껍데기를 버림으로
하늘 날개 오르고,
한땀 한땀 정성 심은 옷
시간의 뭇매 맞아
누더기 되어 버려진다
잊지 않으리라 맹세한 약속들이
거리에 나뒹굴고
어느새 버려진 나를 본다.

떠나간 것들,

사랑하는 가족이 떠나고
다정했던 친구가 떠나고
살을 섞었던 인연이 떠나고
한여름의 추억도
가을의 아스라함도
모두가 떠나면
남겨진 것은 빈 가슴.

잊혀진 것들,

거울 속의 내가 잊혀질 즈음
오래된 수첩 속 낯선 이름들
함께 했던 추억조차 상실된 옛 친구들
성형으로 국적을 잊은 얼굴들
죽을 듯 가슴 아파하던 악몽도
가슴앓이했던 짝사랑 연인도
모두가 잊혀지면
남겨진 것은 새하얀 도화지.

하루의 사이클

부지런한 새
새벽을 알리는 이슬 젖은 두드림
하루의 시작이다
잠깐의 게으름도 허용치 않는 아침이 어수선함으로 수군대고
따끈한 국에 밥 한 술 말아
순식간에 해치우고 일어나는 긴장된 시계의 초침 소리

그들이 남기고 간 껍데기를 줍고
쌓인 흔적들을 깨끗하게 헹군다
다음 차례를 기다리는 거울 속의 상기된 얼굴은
매일 봐도 정신없는 서두름의 잔해들

내 공간 속 어제 벗어던진 고달픔이 그대로
누워 있다
시위 떠난 하루의 순간들이
목의 진통을 낳고 끝나는 순간

어설픔의 나이는 어제도 오늘도
거꾸로 가고
행선지를 잊지 않고 달려가는
늦은 밤의 헤드라이트

차라리 어둠을 그냥 내버려 두자
기억의 흔적을 삼켜 버리자
애써 입으로 내뱉지 못한 언어들이
새색시처럼 손짓하면
내 알맹이들은 어느새 힘찬 역사를 꿈꾼다.

사랑한다는 말을

태초에 형상을 만드시고
가슴에 사랑을 심어 주신 당신
그 사랑 깨닫지 못하고
서로 생채기 낸 우리들을
지켜보신 아픔
이제야 알게 되었네

받은 사랑 가득 품으면서도
타인他人에게 마음 문 닫고
불안한 서성임으로 맴돌던 날들
주변에 수많은 사랑을
엮어낼 그릇이 없기에
소리 없는 손짓만 내저을 뿐

이제는 사랑한다 말할 수 있다
먼 곳에서 울리던 메아리조차
숨어든 좁은 언덕에 올라
소리쳐 말하리라
"당신을 사랑합니다."

세상의 냉정한 시선 앞에

불붙은 가슴 열어젖히고
손잡으며 말하리라
"당신을 사랑합니다."

내던져 버린 휴지뭉치를 보며
저녁놀의 붉은 눈물을 훔치며
찢겨진 울분을 기우며
말할 수 있다
"당신을 사랑합니다."

당신의 모든 것을 사랑합니다.

그리움 따라

가을 하늘 물 한 조각 떠다가
마른 마음 밭에 살짝 뿌리우고
쏘옥 돋아난 끝 모를 그리움
도닥도닥 가꾸어 날개 달면
어느새 마음은 하얀 깃털 달고
정착지 없는 이상을 꿈꾸곤 한다

누구의 속삭임인가
누구의 손짓인가
멈추지 못하고 도는
물매암이처럼
숨길 수 없는 그리움이
가을빛을 부른다.

인연의 뿌리

하늘 아래 사는 곳 달라도
내가 심어 놓은 인연의 뿌리는
끈질긴 생명력으로
잔잔한 일렁임으로
서로를 손잡게 한다

하이얀 가슴으로
뜨거운 아픔으로
소리 없는 속삭임으로
보이지 않는 숨소리로
다가와 포옹을 한다

익을 대로 익어 담담해진
무취 무미한 우리의 삶이
언제나 연분홍빛이 아니듯
내려놓는 아름다움은
빛 되어 모두를 품을 수 있을 텐데

되새김질 할수록 더욱 질겨진 우리네 삶이
거리에 남겨진 인연의 끝에 서서
오늘도 아파하고 있다.

소리 없는 넋두리

시간이 멈춰 버린 어둠 속 저편에
들리지 않는 허공의 손짓
한 편 바람 되어 머무는 들녘
지난 일 끄집어내어
아문 가슴에 칼날 들이대며
소리 없이 웃음 짓는
기억의 편린

먼 시선 꽂히는 그곳에
군중들 에워싸 돌멩이 던지고
까맣게 타 죽은 가슴
한 조각 파편으로 찢겨지면
이제는 날개 달고 자유를 품고
훨훨 날아간다
훨훨 날아간다

떠나 버린 자리에 흔적은
기억만큼 빨리 사라지고
바삐 돌아가는 시계추 위의
새 한 마리
선혈 가득 품은 노을로
목 놓아 울고 있다.

강물은 흐르는가

다리 난간에 기대어
강물에 묻어 버린
나이를 본다

태고부터 한恨을 녹여
만든 물줄기 거꾸로 거꾸로 올라
그리움이 되었다

잠들지 못한 강의 울음에
가슴앓이하던 아이는
어엿한 어른이 되어
텅 비어 버린 가슴을
쏟아 붓고 있다

온갖 오물로 뿌옇게
감춰진 육신의 정욕은
검붉은 핏빛으로 밀려나고

용솟음치는 강물 위로
사뿐히 주저앉아
시간을 잠재우고 있다.

제2부

종이로 만든 사람

목소리

보지 않고도 알 수 있어
그가 새의 깃털로 비상하고 있음을
높게 흔들리는 가벼운 떨림은
가슴 가득 태양을 품고
우주를 낳았다

보지 않고도 알 수 있어
그가 낮은 언덕을 기어 추락하고 있음을
음침한 골짜기 숨어 들어가
한줌의 한을 품고
긴 넋두리 남겼다

목소리에 담긴
모래알 같은 사연 꾸러미가
이제 보지 않아도
그를 만날 수 있다
그를 떠날 수 있다.

카멜레온의 하루

밤새 내린 비 그치고
말갛게 세수한 하늘빛
가슴 가득 품으니
넓은 바다빛

봄볕에 나른해진 몸뚱이
행복으로 감미하며
달콤한 색 내뿜는 한낮
담장에 흐드러진 개나리빛

전화 한통에 가슴 울컥
낭떠러지에 그림자 매달고
머릿속을 휘젓는 불안의 그늘
두근두근 넘기는 해 붙들고
굴 속으로 들어가는 오물덩이

하루를 살아도
자취 없이 옷 갈아입는
카멜레온
그 모습은
바로 나다.

종이로 만든 사람

길을 걷다 돌부리에 걸려
찢어지고
맘 주려던 이의 뒷모습에
구겨지고

밤새 토해낸 소리 없는 눈물로
흠뻑 젖어 흐물거리는
종이로 만든 사람

봄바람의 서툰 입김에도
쉽게 흔들리고
하얀 햇살에 발꿈치 들면
어느새 날아오르는
솜털같이 가뿐한
종이로 만든 사람

시간은 검은 펜으로
낙서를 남기기도 하고
오색 펜으로 무지개 날개를
가공해 주기도 하지만

끊임없는 미지의 정열로
타서 재가 되어 버린
종이로 만든 사람.

하루 끝에 머물다

푹 절인 배추 되어
바람을 기대할 순 없다
눈꺼풀 위로 하루의 흔적들이 널브러져
푸념 속에 선잠 들고
새날에 대한 기대는 오지를 여행 중

무감각한 시선 속에
머무르는 하루의 상념들이
길거리 쓰레기통에 처박히던 날
내일이 오면
싱싱한 한 마리의 생선처럼
파닥파닥 노래 부를지

철거덕철거덕 졸음을 끌고 달리는 열차는
하루의 무게보다 더 무거운
현실의 아픔을 짊어지고
가슴속 사연을 외면한 채
이상 속 도시를 달린다

차창 밖 세계는 지금 공사 중
내일 방영될 한 편의 드라마를 위해
뚝딱뚝딱 각본 없는 연습을 한다.

통증의 미학

포르말린 냄새나는 오줌도 멈춰 버렸다
꼬박 25시간 14분을 참아온 빈 위장도
꾸르럭거림을 포기하고 사방이 잠잠하다

유효기간 끝난 건전지에 기대 졸고 있는
시계의 초침은 끄덕끄덕 제자리를 맴돌며
못내 떠나지 못한 아쉬움을 토해낸다

조금도 양보 없는 고통과의 사투
바닥에 깔린 육신이 삶을 붙드는지
껍데기뿐인 허상인지
빗소리에 젖어드는 영혼만이 진실인 것을

깨어날 수 있을까
내일이 거듭 지나도
혼돈 속에 흔들리는 모자이크 무늬 천장

스르르 잠이 든다
어둠을 안고 탄생할 신세계를 기대하며….

내가 알지 못하는 나

쉼 없이 흐르는 강물은
이끼가 끼지 않는다
어쩔 수 없이 흘러가는 내 가슴에는
몇천 년을 씻기지 않은
억겁의 흔적이 남아
나를 멈추게 한다

아무도 오르지 않은 언덕을
힘겹게 오르고도
내려다볼 엄두 못 내고
그저 숨만 고르고 있다

멈출 수 있을까?
맑디맑은 영혼의 가락 위에
다가가 숨 없이 그림으로 남고 싶은데
다가설 수 있을까?
다시 태어나게 해줄 모태의 자궁 속에서
손꼽아 기다릴 그날의 환희

나를 모르는 나
내가 모르는 나

아무도 모르는 나
아직도 완성되지 않은 모습에
갈팡질팡
우스꽝스런 춤사위에
모두가 속아 넘어갔다.

존재의 이유

살아 있음은
자신을 끊임없이 확인하는
황토빛 고행 길
때때로 덫에 채인 두려움 파고 들어와
고개 숙인 존재의 상실 앞에
벌거벗은 몸으로 널브러진 채
하품하고 있다

살아 있음은
앞서 간 흔적을 깨닫는 수도자의 길
되돌아가는 사치스러움보다
허덕이는 삶의 행로行路를 더듬어
한 계단씩 숨을 몰아간다

살아 있음은
저만큼 공간 위에 펼쳐 있는
한줄기 바람
시작과 끝은 서로 다른 기억을 숨기며
나보다 더 나은 이상 품고
인정할 수 없는 현실에
밤새 붉은 울음 토해낸다

살아 있음은 사랑을 가꾸어
하나의 탄생을 위한 전주곡
시간의 굴레를 되새김질하는
지친 몸짓에도
일어서서 환히 웃을 수 있는
찬란한 불꽃
숨 쉬는 공간을 나누며
등 토닥이는 동반자이다.

어둠을 밝힌 빗소리

소리만으로 알 수 있는
어둠 속의 네 모습
확인하고 싶어 창문을 연다
얼굴에 와 닿는
부드러운 네 손길
길 잃은 그리움을 되찾아 준다

흔들리는 대추나무 그림자는
풍성한 열매를 기대하는 춤사위
바람에 몸 맡긴 채
무언의 기원이 하늘에 닿는다

하나 둘 꺼지는 창문의 불빛
혼자 남게 될 침묵의 시간 앞에
또다시 몸을 살찌우려
세차게 빠르게 잠을 쫓는다
도랑물 소리가 난다
작년 계곡물이 생각의 그물에 걸려 있다.

그늘진 여자

한낮 되기를 거부하는 여자가 있다
봄, 여름, 가을, 겨울
태양 뒤에 서서 숨죽이고,
어쩌다 마주친 빛바랜 얼굴은
오히려 나를 놀라게 한다

여자에게 결코 찾아오지 않는
수많은 기회의 햇살은
저 가슴 밑에 도사리고 앉아
좀처럼 용기를 내지 못하고,
파리한 어깨 너머 번뜩이는
시간과의 숨바꼭질에
한 마리의 벌레가 된다

하루 또 하루
여자를 내버려 두고 가는 시간은
축축한 곰팡이로 피어나고
따스한 볕을 바라는 소망이
아직 조심스레 살아 있음에
한 발자국 내딛는 손길이
어둠 속에 빛이 된다.

부산 자갈치시장

그곳에선 하얀 바람이 분다
낯선 거리 이방인은
빛바랜 거친 기억을 더듬으며
내 안에 숨어들고

오늘도 거기엔 숨 가쁜 바람이 분다
표정을 잃은 상인들의
소금내 나는 외침은
비린 거품이 되었다 사그라진다

파닥이는 본능적 몸부림이
군침 도는 시선에 잘게 썰리던 날
짙푸른 바다의 울부짖음은 떠나가고 있었다

오늘도 내일도 노해*에선
잠들지 못한 바람이
발가벗은 채
나를 부르고 있겠지.

※노해: 바닷가에 펼쳐진 들판

생리적 현상

허기진 배를 부여안고
숨겨진 하늘을 본다
고장 난 위장은
모른 척 뒷짐 지고
간사한 식욕은 혓바닥을 날름거린다

숨을 고르다 창에 비친
얼굴이 나이를 세고
돌덩이처럼 굳어진 어깨 너머
낯선 손길이 위로할 때
어느새 의식세계는 끝나고
신세계가 열린다

얼마만큼 왔을까
시한부 인생을 사는 하루살이는
참다 못해 가득 고인 위액을 쏟아낸다
하루가 끝났다.

역할놀이

가을볕 한 조각 머금은
공원 놀이터
네댓 살 아이들이 소꿉놀이를 한다
"너는 아빠!"
"그래, 너는 엄마."

소근소근, 도란도란
아빠 닮은 의젓함
엄마 닮은 상냥함
깔깔깔, 하하하
20년 후 역할을 연습 중이다

내 기억 속 어린 시절은
꿈과 향기가 맑은 하늘에 담겨 있다

지금은
1인 5역의 모노드라마 촬영 중
진짜 내 모습은 어디에도 없다
그저 내가 감당해야 할 역할만이
어깨에 앉아
숨통을 조이고 있다.

허기진 삶의 끝에 서서

부기가 채 빠지지 않은 두 다리
오지 않는 더딘 아침은 내 편이 아니다
어제의 피로가 등 구부린 채 꾸벅꾸벅 조는 아침

조금씩 허물어져 가는 육신의 껍데기를 잡고
포르말린 냄새 가득한 침대에 누워
뜨거운 눈물로 오염된 육신을 씻어낸다

길거리에는 연일 폐업을 알리는
쪽지가 닥지닥지 나붙고
곤두박질치는 주가와 용솟음치는 물가에
혓바닥만 길게 빼고 도시가 헐떡인다

이제는 어떤 감정도 살아남지 못한다
무표정한 하늘과
불신으로 외면당한 오늘이 있을 뿐.

산다는 것은

산다는 것은 어쩌면
거친 사막에서 오아시스를 찾아 헤매는 것
우리에게 보이는 것은 신기루일 뿐
끝없는 고행의 순례자

산다는 것은
하루하루 목숨을 구걸하는
말기 암 환자의 절규
다가올 무덤 속 냉기를
가슴 안에 묻고 사는 것

산다는 것은 끝을 알고 있어도
멈추지 못하는 협궤의 열차
다 지워 버리고, 구겨 버리고 싶지만
다시 주워 그릴 수밖에 없는
망각의 산물

그러나, 산다는 것은
가끔씩 보여주는 봄바람 같은 것
행운을 기다리며 하루하루를 사는
하루살이 같은 것.

주변인

내 짧은 혀로는
그 많은 진실을
말할 수 없어
그저 침묵할 수밖에

내 작은 눈으로는
자연이 품은 우주
다 볼 수 없어
차라리 눈을 감을 수밖에

내 짧은 팔로는
갈가리 찢겨진 영혼
품을 수 없어
그저 바라볼 수밖에

좋아도 다가서지 못하고
싫어도 뿌리치지 못하는
나는 주변인.

노숙자

이른 초저녁 차디찬 돌바닥
흔들리는 초점 잃은 동공엔
어미 별도 빛을 잃었다
내어던진 혼과
부재중인 육신 사이

수신 없는 발신음만
거리에 뚜뚜 떠돌고

차곡차곡 쌓아 올린 이상이
소리 없이 무너지던 날
알맹이는 빠져 나가고
한 줌의 먼지로 흩어졌다

뼛속까지 파고드는 찬바람에
뒤척이다 본 환상은
젊은 꿈을 되살리지만
마지막 남은 가슴 밑바닥 불씨는 이미
연기가 되어 사라진다

다시 침묵의 강이 흐른다.

길

태어날 때 행로行路가 정해졌더라면
안개 속을 헤매지 않았을 텐데
보이지 않는 여러 갈래 길
상처 난 줄 모르고 내딛다가
주저앉아 보지만 되돌아가기엔
많은 후회와 망설임이
엿가락처럼 누워 있다

두 발에 천근짜리 추 달고
죽을힘을 다해 나섰던 길
끝은 보이지 않고
제자리 맴도는 소금쟁이처럼
한숨이 재를 넘는다

하루는 여왕개미로
또 하루는 일개미로
내일은 무엇이 되었을까?
길은 열려 있다

소심한 망설임이
막다른 골목에 떨고 서 있다.

부재중

손에는 휴대전화
귀에는 이어폰
머리는 끄덕끄덕
다리는 흔들흔들

연신 눌러대는 재빠른 손가락 움직임
시간도 생각도 무중력 상태
무표정한 얼굴 위에 싸늘한 조소
가슴속 정열은 어디 갔을까?
꿈도 이상도 보이지 않고
진실된 언어는 다 지워졌다.

기적의 부재

기적은 일어나지 않았다

그러나
가슴 밑바닥엔 언제나
새로운 기적을 꿈꾸고 있다
섣불리 내놓지 못하는
과거의 기억은
환상이 만들어낸 신기루
보이지 않는 속삭임이
늘 새로운 메뉴로 날 유혹한다.

줄타기

가을 하늘 아래
외줄 하나 걸쳐 놓고
구경꾼들 몰려드는데
줄 타는 어름산이
어째 오늘은 가슴이 두근두근

줄 위에서 반평생,
검은 머리, 백발이 되어 가는데
어째 오늘은 다리가 후들후들
손바닥에 진땀이 흥건

침을 꼴깍 삼킨
어르신들 떠억 자리 차지하고
목이 마냥 길어지는데
애써 태연한 체 부채 하나 들고
줄 위에 오른다

앞으로 가기, 장단줄
뒤로 훑기, 콩심기
화장사위까지
초가을 쌀쌀한 바람이

등허리 떨어지는 땀방울을 잡는다

환호 소리, 하늘 꽃잎으로 날아오를 때
핏줄 오른 두 다리
다시 줄에 오르고
오호모거리, 허궁잽이
공중을 나는 몸뚱이
어질어질, 현기증에 저당 잡히고

가새트림 하다가
혼은 하늘 위에서
흔들리는 내 모습을 본다
위태위태한 삶이
언제쯤 끝이 날까

양반 병신걸음을 마치고
내 두 다리 만져 보니
이미 감각을 잃은 지 오래
녹두장군 행차로
줄에서 내려오면,
흠뻑 젖은 몸보다
남은 삶이 성큼 줄어들었다.

※앞으로 가기, 장단줄, 뒤로 훑기, 콩심기, 화장사위, 오호모거리, 허궁잽이, 가새트림, 양반 병신걸음, 녹두장군 행차는 모두 어름 줄타기 기술임

제3부

그리움을 부르는 동강할미꽃

할머니
―영안실에서

세상에 태어나
한恨 많은 늪의 언덕 힘겹게 오르다
한 줌 흙으로 돌아가는 할머니

화안히 웃고 있는 영정
이별을 느낄 수도 없다
다만, 가시는 길 숨죽여 흐느끼는
하~얀 국화

산천이 떠나가는 통곡
가슴이 미어지는 슬픔으로
잡을 수도, 동행할 수도 없다

차디찬 땅 속에 눕혀 드리고
차마 돌아서지 못하고
다시 한 번 어루만지는
떼 입히지 않은 누런 황토빛 봉분

터져 나오지 못하는 울음
깊고 깊은 가슴의 못에 가두고
돌아선다.

아버지, 아버지

끝없이 쏟아 붓는 사랑 알지 못하고
목마름에 자꾸 손을 내밀었습니다
머리 희끗희끗해지고
강물이 한참을 울고서야
가슴 사무치게 그리운
아버지, 아! 아버지

한평생 삼남매 가슴 깊이 품으시고
험한 세상 길 닦아 놓고
먼발치 눈길 머무르신
아버지, 아! 아버지

이제 자식 철들어
시간의 그늘을 걷어드립니다
한사코
"내 걱정은 말아라"
손사래 치시는 힘없는 손이
자식의 가슴에 큰 멍울 됩니다.

매미는 어디에

어스름 태양은 한낮 더위를 준비 중
낯익은 직박구리가 새벽을 연다

성급한 매미
턱밑까지 치닫는 시한부 삶
7, 8조 가락이 힘겹고
빠져 나온 육신의 빈 껍질
낮은 바람에 부서져 구를 때
아! 돌아갈 곳이 없다

땅 속에서 살아온 침묵의 시간
숲과 하나가 되었을 때
비로소 토해낼 수 있었고
어둠 속에 묻혀 있던 인고忍苦의 아픔
하늘빛 꿈꾸며 기다렸는데

시간은 나를 낳고 또 멀리 떠나
멈추지 못한 채
벼랑 끝으로 밀어내고 있다

매미는 어디로 갔을까?

게릴라 폭우

툭! 툭! 투두둑! 투투투둑!
새까만 하늘은
준비 시간을 주지 않는다
작은 우산으로
거대한 하늘을 막을 수 있을까
잠시 후퇴하여
창 밖 세상을 본다

저토록 많은 한을 품고서
용케도 버티고 있었구나
그래 쏟아라 쏟아 부어라
냇물이 도랑물 되고
하천이 넘쳐 온 땅이 잠길지라도
다 쏟아 붓고 맘 풀어라

거리는 심판을 받는 이들이
이리저리 뛰어다니고
생각 속의 도시는 사라지고 없다
흔적을 남기지 않고
누런 황톳물만이
혀를 널름거리고 있다.

소리새

문득 허공을 본다
새벽 가지에 앉아
창문을 열게 하던 소리새※
숨죽이며 다가가면
멀리 태양을 향한다

오늘 아침엔 보이지 않는다
웬일일까?
궁금증이 걱정으로
걱정이 불안감으로
꼬리를 물고 가슴을 누른다

조그만 부리로 창문을 톡톡
신이 선물한 자연의 빛 입고
맑은 눈동자 내게 주던
소리새

자꾸만 내다보다가
환청으로 달려가 보면
빈 허공만이 자리를 지키고 있다.

※소리새란 새의 이름을 몰라 붙인 새의 가명

밤의 연가

태양은 날개 접어 휴식을 취하고
어둠이 내리면
젖은 눈을 숨기느라 애쓰지 않아도
오늘은 저편으로 돌아오지 않을
강 되어 떠난다

강물에 비친 가로등 불빛이 아니더라도
강물이 환하게 빛을 내는 이유는
하루 동안 품었던 사랑을 놓지 못함이다

쉽게 잠들지 못하는 하얀 밤은
새벽을 슬며시 밀어내고
어설피 우는 풀벌레 소리
인기척 없는 밤하늘을
날개 달고 떠돈다.

가을 손짓

더위는 시간 따라 떠남이라
빨갛게 익어 가는 감빛 노을
노랗게 익기 전 열매 떨군
은행들의 반란

그렇다 서두르고 있다
마지막 달력을 넘기기 전
가을 하늘빛에
마음을 빼앗기기 전 보여주려고

가을은 분명히
내게 안겨줄 선물이라
두근거리는 한마디
사랑 고백이
빨간 봉숭아빛으로
물들게 할 수 있다.

망부가 亡夫歌

헤어짐은 또 다른 만남을 위한 전주곡인가
영원한 맹세는
고통으로 잊혀진 지 오래
떠나는 이는 남겨진 이들의 눈물을 생수 삼아
일그러진 육신을 잠재우고
남겨진 이들은 떠나는 이의 추억을 붙들고
되새김질로 망각을 거부한다

헤어짐을 미리 알았더라면
폭풍 속에서 그를 안지 않았을 것을
떠남이 예고된 진실이라면
산해진미 혀에 올려 살이라도 찌웠을 텐데….

말라 버린 눈물은 가슴 깊이 숨어들어
오래도록 샘 되어 솟아날 텐데….
감당 못한 슬픔을 시간 위에 짊어지고
보이지 않는 내일을 접는다.

봄꽃 축제

봄바람이 빈 나뭇가지 새순 돋는
숲 속을 가득 채우면
쏟아져 들어오는 빛
슬며시 가슴 한켠에 보듬고
하나, 둘, 하나, 둘 숨소리 즐긴다

산은 온통 잔칫집
바람꽃, 앉은부채, 노루귀, 복수초,
생강나무, 얼레지….
차려진 밥상에
손님들이 그득하다.

비 내리는 수종사 계곡

얼음 녹인 계곡 물에
빠져 버린 빗줄기
어스름 오후
오랜만에 찾은 수종사 계곡에는
옛 손님 반기는 야생화 천국

도깨비방망이 품은 앉은부채
쌓인 낙엽을 뚫고 이곳저곳 부쑥부쑥
손을 내밀고,

낮은 언덕 위로
생강나무 노란 꽃
봄을 부른다

꽃잎 모으고 빗줄기에
고개 떨군
만주바람꽃의 애달픔

행여나 밟을까 발을 들고
들여다보다
아!

신비한 신의 솜씨 놀라워
입을 벌리고
먼 산을 본다

봄이 오고 있다.

노천 카페

초여름부터 늦가을까지
상가 앞마당은
노천 카페가 열린다
하남의 명소가 된지 오래

메뚜기도 한철이라고
한철 장사 일 년 양식
부지런한 몸놀림, 손님을 부르는 소리
시간을 잡아 늘인다

하루의 시름을 목구멍에
쏟아 붓고
바싹 튀겨진 닭다리만큼
순간이 현실을 외면할 때
허공에 매단 목소리
쓰디쓴 웃음을 버린다.

봄비는 단비야

봄비는 단비인 게야
목마른 땅과
더 말라 갈라진 우리의 마음을 채우고
연둣빛 이파리 생명의 젖줄인 게야

봄비는 단비인 게야
떨어지는 꽃 살짝 눈 흘겨도
고운 마음으로 어루만지는
그래 그렇지 가만 쉿!
물 받아 마시는 소리 좀 들어보렴

봄비는 단비인 게야
잠자던 숲이 노래로 가득 차면
촉촉한 입술로 탄생을 부르는
축복의 울림인 게야.

그리움을 부르는 동강할미꽃

뿌우연 동강 물 바라보며
절벽 바위틈에
당당하게 고개 든 동강할미꽃

긴 겨울 그리움이 빚어낸
너를 만나러 가는 길목은
내내 설레임이다

바위를 뚫고 내린 뿌리
찬바람 견딘 강인한 눈빛
자연이 지어 준 옷 입고 손짓한다

할머니의 슬픈 넋이
하얀 솜털로 하늘거릴 때
애오라지 아라리오
가락 속에 귤암리 인정이
넘쳐난다

쉼 없이 찾아드는 임들을 보고파
동강은 흐른다
할미꽃이 거기에 있기에….

섭지코지[※]

하늘과 물,
그리고 뭍이
하나 되는 순간
눈이 멀어 버렸다

화산이 낳은 시커먼 바위의 군상 뒤로
구름빛 바다는
하얀 파도 언어로 천년의 대화를
엮고 있다

누구의 바람이 하늘에 닿아
선녀바위로 굳어졌을까
무언의 기원이 부서져
은빛으로 하나가 되는 날
수평선은 지워지고 없었다.

※섭지코지는 제주특별자치도 서귀포시 성산읍 신양리에 있는 해안

역사驛舍에서

기차는 떠났다
빈 역사에 혼자 버려진 나는
이명으로 남아 있는 기적 소리에 매달려
심장의 맥박을 세고 있다

기차는 어둠 속에서도 달릴 수 있다
내가 따라갈 수 없을 뿐
기관사의 졸음을 쫓는 불규칙한 소음이
벌레처럼 내 등을 기어 꿈틀거리고
내 자취는 어둠을 노려보고 있다

하루를 기웃거리던 바람
슬금슬금
역사를 한 바퀴 돌아 나가고
대합실 의자는 더 이상 사람을 앉히지 않는다

낯선 시선들이 손을 뻗치는 거리엔
살아 있지 않은 공허만이 뿌연 가로등 밑에서
꼼지락거린다.

새벽 명상

희미한 아침이 오고 있다
분주함 뒤에 오는 늘어진 게으름이
다리를 붙잡고 이끈다
기다란 하품은 눈물로 유혹하고
조금만 조금만
시간을 매어 두고 싶다.

| 해설 |

존재의 정체성과 삶의 지향성
—한주운의 시세계

최 광 호 | 문학공간 주간, 시인 |

역사의 가장 위대한 순간들은 언제나 인간의 정신 그 자체를 중요시했던 순간들이다. 하지만 오늘날 우리는 정신적 가치의 위기 속에서 살아가고 있다. 세계화의 흐름은 기술적인 발전만을 추구하여 정신적 가치의 혼란만을 가중시키고 있다.
이런 정신적 가치들의 부재 시대에 시의 힘은 무엇인가.
시인은 삶의 현실에서 모순을 자각하고 모순의 흔적을 지우기 위해 시를 쓴다. 여기서 모순이란 시인의 내면의식에서 비롯될 수도 있고, 넓게는 사회 전반의 모순일 수도 있다. 이렇게 쓰여진 시는 영혼의 목소리가 담겨 있다. 바로 시인의 시는 자아의 인식에서 출발하여 나아가 모든 존재에 대한 직립의 정신으로 형상화된다. 그것은 언어를 초월한 생성의 감동으로 우리에게 다가온다.
내게 있어 시를 읽고 해설을 쓴다는 것은 시어의 이면에 숨겨진 시인의 인생 철학, 그리고 사유의 진앙지와 형상의 과정을 통해 얻어지는 생성의 감동을 추구하는 것이다.

 이번에 출간하는 한주운 시인의 시사집 『버려진 것들, 떠나간 것들, 잊혀진 것들』은 신선한 이미지와 은유, 시각적 형태미에서 보여지는 다양한 시적 형상화에서 시인이 풍성한 상상력의 소유자임을 알 수 있게 한다. 이런 한주운 시인의 시가 갖는 독특한 무게감은 무엇보다 삶의 원형에 대해 끊임없이 탐색하고 있으며 이를 시적 공간에 형상화한 작업은 여성적 자아의 존재론적 물음을 담아내고 있다. 여기서 우리는 시인의 존재의 원형에 대한 반성적 성찰을 직감할 수 있다.
 한주운 시인의 상당수의 작품에서 보여지는 비유와 이미지는 사물과 세상을 여성적인 사유로 용해하고 있으며 그것은 시인의 내면 공간에서 흥미롭게 형상화되어 시화되고 있음을 볼 수 있다.

  다리 난간에 기대어
  강물에 묻어 버린
  나이를 본다

  태고부터 한(恨)을 녹여
  만든 물줄기 거꾸로 거꾸로 올라
  그리움이 되었다

  잠들지 못한 강의 울음에
  가슴앓이하던 아이는
  어엿한 어른이 되어

텅 비어 버린 가슴을
쏟아 붓고 있다

온갖 오물로 뿌옇게
감춰진 육신의 정욕은
검붉은 핏빛으로 밀려나고

용솟음치는 강물 위로
사뿐히 주저앉아
시간을 잠재우고 있다.

―「강물은 흐르는가」 전문

　위의 시에서 시인은 인생을 살아가는 것은 굴곡이 많은 강물처럼 흘러가는 것이라고 인생과 강물의 등과적 관계를 부여하고 있다.
　시인이 추구하려는 근원적 내면의식은 삶의 정체성과 본질에 대한 자성의 성찰에 바탕하고 있으며 이는 속화되고 물화되어 가는 인간성 회복에 대한 염원으로 나타난다.
　시인은 "온갖 오물로 뿌옇게/ 감춰진 육신의 정욕은/ 검붉은 핏빛으로 밀려나고// 용솟음치는 강물 위로/ 사뿐히 주저앉아/ 시간을 잠재우고 있"으며 용솟음치는 강물에서 자신의 존재를 새롭게 인식하며 생의 상처와 절망마저 씻어내고 긍정과 화해의 세계로 나아가고자 한다.

　전등 불빛 하나씩 몸을 드러내는

어둠 속 길 위에
돌아나는 수줍은 미소와
소박한 시작을 꿈꾸는
진실한 이야기가 살아 숨쉰다.
―「초저녁 왕십리」부분

당신이 흘리는 눈물은
몇십 년 가슴에 품었던 통곡을 거르고 걸러
뽑아내는 육신의 진액임을 알았습니다
그래서
기약 없는 시간을
기다리고 있습니다
아무것도 해줄 수 없이
그저, 바라보고만 있습니다.
―「상처를 치유하기 위해」부분

 시적 언어의 이면에 존재하는 의미들이 행간과 행간 사이에서 새로운 의미로 확충되고 있으며, 이는 시를 읽는 순간마다 규정 불가능한 이미지로 변용되고 있다. 그것은 시인이 아픔을 사랑으로 승화시키고 또한 절망을 희망으로 시화하고 있기 때문이다.
 이처럼 한주운 시인은 의미의 원형에 시인이 시화하고자 하는 대상에 대해 시적 사유(자성적 성찰)를 보탬으로써 감동의 언어로 재생하고 있다.

 너를 향한 그리움이 밤에도

어둠을 들추고 목메게 한다
이제는 삭정이가 되어 버린
마을 앞 당산나무는
기다린 날들만큼 상처로 남아
허허로이 하늘로 하늘로
오르려 하고
뜨거운 불길이 일기도 전에
사그라진 젊은 날의 기억 저편에
네가 서 있다

별빛에 담았던
오래 전 약속을 땅 속에 묻은 채
다른 하늘 아래 서서
시간을 망각으로 애써 참으며
소리 없는 그리움
가슴 한켠에 키우며
살아간다

사랑하는 사람아.

—「죽는 날까지 사랑하고 싶다」 전문

  한주운 시인에게 있어 시창작의 근간이라 할 수 있는 그리움은 인고의 인내에서 비롯된 사랑의 미학으로 나타난다.
  위 시에서 시인은 간결한 표현을 통해 사랑에 대한 함축성 있는 상상력을 드러내 보이고 있다. 시인에게 있어 사랑이란 험난한 세상을 살아갈 수 있게 하는 응결된 비원과도 같은 것이다. 그러한 시를 쓰는 행위 자체만으로도 사랑의 원형에 대한 반성적 성찰로 작용하며 독자에게는 큰 감동으로 다가가고 있다.

> 시간의 뭇매 맞아
> 누더기 되어 버려진다
> 잊지 않으리라 맹세한 약속들이
> 거리에 나뒹굴고
> 어느새 버려진 나를 본다
> ―중략―
> 가을의 아스라함도
> 모두가 떠나면
> 남겨진 것은 빈 가슴
> ―중략―
> 모두가 잊혀지면
> 남겨진 것은 새하얀 도화지.
> ―「버려진 것들, 떠나간 것들, 잊혀진 것들」 부분

시는 의미의 응축이고 응결이다. 최소한의 의미 속에 정서를 압축시켜야 한다. 의미를 압축시킬수록 가중되는 응축력, 그것은 시에 있어 시적 긴장감으로 작용한다. 한주운 시인의 시에는 의미의 압축을 통한 시적 긴장감이 돋보인다. 이는 독자에게 강렬한 메시지로 전달된다.

위 시에서 시인은 '버려진 것', '떠나간 것', '잊혀진 것'의 관념적 의미에서 벗어나 존재론적 의미를 유추해내고 있으며 마침

내 삶의 긍정적 희망을 "새하얀 도화지"에 다시 그리려는 의지를 드러내 보인다.

한주운 시인의 시는 삶의 시련을 통해 인간 존재의 성숙을 이끌어 내고자 하며, 이러한 시쓰기는 시인의 존재론적 신념에 바탕하고 있다.

>길을 걷다 돌부리에 걸려
>찢어지고
>맘 주려던 이의 뒷모습에
>구겨지고
>―중략―
>시간은 검은 펜으로
>낙서를 남기기도 하고
>오색 펜으로 무지개 날개를
>가공해 주기도 하지만
>
>끊임없는 미지의 정열로
>타서 재가 되어 버린
>종이로 만든 사람.
>
>―「종이로 만든 사람」 부분

>멈출 수 있을까?
>맑디맑은 영혼의 가락 위에
>다가가 숨 없이 그림으로 남고 싶은데
>다가설 수 있을까?

다시 태어나게 해줄 모태의 자궁 속에서
손꼽아 기다릴 그날의 환희

나를 모르는 나
내가 모르는 나
아무도 모르는 나
아직도 완성되지 않은 모습에
갈팡질팡
우스꽝스런 춤사위에
모두가 속아 넘어갔다.

―「내가 알지 못하는 나」 부분

 한주운 시인에게 있어 시쓰기란 인간 삶에 대한 통찰이며 탐색이라 할 수 있다. 나는 누구며, 삶의 의미는 무엇인가, 무엇 때문에 살아야 하는가 하는 시론이 기저에 깔려 있다.
 그러므로 시인은 인간 삶의 의미를 성찰할수록 번민한다. 그러나 시인의 번민은 자기성찰의 길을 모색하고 있다. 시인의 자성적 번민은 사람답게 사는 의지로 올바른 삶을 영위하는 길, 그 길이 시인이 걸어야 할 길임을 누구보다 잘 인식하고 있다. 그러면서도 한주운 시인은 위 시에서 삶의 의미에 대한 구체적인 대답을 유보하고 있다. 삶의 의미는 우리 스스로가 깨닫고 찾아가야 하는 길이기 때문일까?

살아 있음은
앞서 간 흔적을 깨닫는 수도자의 길

되돌아가는 사치스러움보다
허덕이는 삶의 행로行路를 더듬어
한 계단씩 숨을 몰아간다

—「존재의 이유」 부분

하루 또 하루
여자를 내버려 두고 가는 시간은
축축한 곰팡이로 피어나고
따스한 볕을 바라는 소망이
아직 조심스레 살아 있음에
한 발자국 내딛는 손길이
어둠 속에 빛이 된다.

—「그늘진 여자」 부분

산다는 것은 어쩌면
거친 사막에서 오아시스를 찾아 헤매는 것
우리에게 보이는 것은 신기루일 뿐
끝없는 고행의 순례자

—「산다는 것은」 부분

  한주운 시인이 삶의 의미에 보다 구체적으로 접근한 시 「존재의 이유」, 「그늘진 여자」, 「산다는 것은」에서 시인은 삶을 긍정하고 자신에게 주어진 인생을 성실하게 살려고 하는 운명애적 삶의 모습을 드러내 보이고 있다.
  여기서 시인은 "끝없는 고행의 순례자"로서 주어진 길을 묵묵

히 걸어갈 수밖에 없는 자신의 삶의 정체성을 예리하게 성찰하고 있다. 이것은 삶에 대한 시인 자신의 의지이며 또한 내면의식의 표출이라 할 수 있다.

길거리에는 연일 폐업을 알리는
쪽지가 닥지닥지 나붙고
곤두박질치는 주가와 용솟음치는 물가에
혓바닥만 길게 빼고 도시가 헐떡인다

이제는 어떤 감정도 살아남지 못한다
무표정한 하늘과
불신으로 외면당한 오늘이 있을 뿐.
—「허기진 삶의 끝에 서서」 부분

뼛속까지 파고드는 찬바람에
뒤척이다 본 환상은
젊은 꿈을 되살리지만
마지막 남은 가슴 밑바닥 불씨는 이미
연기가 되어 사라진다

다시 침묵의 강이 흐른다.
—「노숙자」 부분

사회 현실에 대한 시인의 깊은 통찰력을 예리하게 보여주고 있으며 여기서 우리는 여성적 감성과 피상적인 언어의 범주를 벗어난 삶의 현장에 뿌리를 내린 시인의 애절한 정감을 읽을 수 있다.

 이처럼 한주운 시인의 시는 단지 머리로 생각하며 쓰여지는 시이기보다 가슴으로 느껴지는 시를 쓰는 시인이다. 그래서 시인은 삶의 공간에서 소외된 이들의 아픔마저 고뇌의 시선으로 바라볼 수 있는 것이다.

> 세상에 태어나
> 한恨 많은 늪의 언덕 힘겹게 오르다
> 한 줌 흙으로 돌아가는 할머니
> ─중략─
> 터져 나오지 못하는 울음
> 깊고 깊은 가슴의 못에 가두고
> 돌아선다.
>
> ─「할머니」 부분

> 끝없이 쏟아 붓는 사랑 알지 못하고
> 목마름에 자꾸 손을 내밀었습니다
> 머리 희끗희끗해지고
> 강물이 한참을 울고서야
> 가슴 사무치게 그리운
> 아버지, 아! 아버지
>
> ─「아버지, 아버지」 부분

 시인에게 있어 과거에 응집된 할머니와 아버지에 대한 사랑의 기억은 죽음을 통해 슬픔과 허망으로 다가온다. 하지만 시인은 내면에서의 성찰을 통해 삶의 본질을 깨닫게 되고 사랑의 진정한 의미를 재발견하고 있다. 이처럼 한주운 시인의 시의 중심에는 삶의 내면에서 비롯된 따뜻한 인간애를 엿볼 수 있다.

　이러한 한주운 시인의 시에서 보여지는 인간애는 근원적인 그리움의 원천으로 자리잡고 있다. 바로 시인의 삶에 있어 할머니와 아버지의 사랑은 생을 조건없이 껴안은 가장 자애로운 손길이며, 이는 시집 전반에 걸쳐 보이고 있는 그리움과 사랑의 이미지와도 상통하고 있다.

　전체적으로 한주운 시인의 시세계를 구축한 시적 기둥은 자본과 상품이 인간의 정신을 지배하는 물신화시대에 인간의 사랑을 밝혀내고 있는 자기성찰의 시학에서 비롯되고 있다.

　또한 한주운 시인이 시에서 삶의 현실을 바라보는 시선은 자기 존재의 의미를 확인하는 과정이며, 이는 내가 누구인지, 나의 삶은 어디로 흘러가고 있는지 끊임없이 물으며 존재의 정체성과 삶의 지향성에 대해 집요한 해답을 찾고 있다. 그리하여 모순의 굴레에 갇힌 삶과 일상에 함몰되어 가는 세상을 사랑의 시선으로 바라보며 자기 구원의 길을 모색하고 있으며 그 속에서 시인의 따뜻한 인간애를 느낄 수 있어 큰 울림으로 다가온다. *

2009년 2월
문학공간사에서

후기

봄비가 목마른 대지를 생명수 되어 촉촉하게 적십니다.
　이 단비가 그치면 겨우내 말라 있던 가지마다 새생명의 움직임이 시작되겠지요.
　따스한 아지랑이 사이로 새근새근 들려오는 어린 새싹의 숨소리를 들으며 신록의 향연을 기다립니다.

　삶은 퍼즐 조각입니다. 한 조각 한 조각 끼워 맞춰 나를 완성하는….
　어떤 것은 빨리 아주 쉽게, 어떤 것은 넘어지고 깨어지고 수많은 시행착오 끝에 제자리를 찾을 수 있습니다.

　제 삶의 한 조각이 제자리를 찾았습니다.
　오래 묵었던 가슴속 소리들, 세월의 흔적으로 하얗게 낡아진 사연들을 끄집어내어 보니 부끄러워 자꾸만 손을 대고 싶습니다.

그러나 기억이 붙들고 있는 빛바랜 사진에 새 옷을 입히는 것은 어색한 일입니다. 그래서 좀 어눌하고 투박한 미완성의 글들이 모여 세상에 태어났습니다.

첫 작품집을 결혼 20주년 기념 부부 시사집으로 내게 되어 기쁩니다.
늘 곁에서 따뜻하게 격려해 주시고 용기를 주신 많은 분들과 심혈을 기울여 만들어 주신 한강 제작진께 감사의 인사를 드립니다.

2009년 3월에
한주운

버려진 것들, 떠나간 것들, 잊혀진 것들

발행/ 2009년 3월 20일
지은이/ 한주운
펴낸이/ 김명덕
펴낸곳/ 한강출판사
등록/ 1988년 1월 15일(제8-39호)
주소/ 서울시 종로구 인사동 131번지 파고다빌딩 408호
홈페이지/ www.mhspace.co.kr
전화 735-4257, 734-4283   팩스 739-4285

값 9,000원

ISBN 978-89-5794-132-4 04810
     978-89-88440-00-1 (세트)

※저자와의 협약에 의해 인지는 생략합니다.
※잘못된 책은 바꾸어 드립니다.